清·吴敬梓著

儒林外史

十二册

黄山書社

儒林外史第五十二回

比武藝公子傷身　毁廳堂英雄討債

話說鳳四老爹別過萬中書竟自取路到杭州他有一個朋友叫做陳正公向日曾欠他幾十兩銀子心裡想道我何不找着他向他要了做盤纏回去陳正公住在錢唐門外他到錢唐門外來尋他走了不多路看見蘇隄上柳陰樹下一叢人圍着兩個人在那里盤馬那馬上的人遠遠望見鳳四老爹高聲叫道鳳四哥你從那

里來的鳳四老爹近前一看那人跳下馬來拉着手鳳四老爹道原來是秦二老爺你是幾時來的在這裡做甚麼秦二侉子道你就去了這些時那老萬的事與你甚相干喫了自己的清水白米飯管別人的閒事這不是發了獃你而今來的好的狠我正在這里同胡八哥想你鳳四老爹便問此位尊姓秦二侉子代荅道這是此地胡尚書第八個公子胡八哥爲人極有趣同我最相好胡老八知道是鳳四老爹說了些

彼此久慕的話秦二侉子道而今鳳四哥來了我們不盤馬了回到下處去喫一杯罷鳳四老爹道我還要去尋一個朋友胡八亂子道貴友明日尋罷今日難得相會且到秦二哥寓處頑頑不由分說把鳳四老爹拉着叫家人勻出一匹馬請鳳四老爹騎着到伍相國祠門口下了馬一同進來秦二侉子就寓在後面樓下鳳四老爹進來施禮坐下秦二侉子吩咐家人快些辦酒來同飯一齊喫因向胡八亂子道難得我

們鳳四哥來便宜你明日看好武藝我改日少不得同鳳四哥來奉拜是要重重的叨擾哩胡八亂子道這個自然鳳四老爹看了壁上一幅字指着向二位道這洪憨仙兄也和我相與他初時也愛學幾椿武藝後來不知怎的好弄元虛勾人燒丹煉汞不知此人而今在不在了胡八亂了道說起來竟是一塲笑話三家兄幾乎上了此人一個當那年勾着處州的馬純上慫諰家兄煉丹銀子都已經封好還虧家兄的運

氣高他忽然生起病來病到幾日上就死了不然白白被他騙了去鳳四老爹道三令兄可是諱縝的麽胡八亂子道正是家兄爲人與小弟的性格不同慣喜相與一班不三不四的人做謅詩自稱爲名士其實是好酒好肉也不曾喫過一斤倒整千整百的被人騙了去眼也不眨一眨小弟生性喜歡養幾匹馬他就嫌好道惡說作蹋了他的院子我而今受不得把老房子並與他自己搬出來住和他離門離戶了秦二

侉子道胡八哥的新居乾淨的狠哩鳳四哥我同你擾他去時你就知道了說着家人擺上酒來三個人傳杯換盞喫到半酣秦二侉子道鳳四哥你剛才說要去尋朋友是尋那一個鳳四老爹道我有個朋友陳正公是這里人他該我幾兩銀子我要向他取討胡八亂子道可是一向住在竹竿巷而今搬到錢唐門外的鳳四老爹道正是胡八亂子道他而今不在家同了一個毛鬍子到南京賣絲去了毛二鬍子也是三

家兄的舊門客鳳四哥你不消去尋他我叫家裡人替你送一個信去叫他回來時來會你就是了當下喫過了飯各自散了胡老八告辭先去秦二侉子就留鳳四老爹在寓同住次日拉了鳳四老爹同去看胡老八胡老八也回候了又打發家人來說道明日請秦二老爺同鳳四老爹早些過去便飯老爺說相好間不具帖子到第二日喫了早點心秦二侉子便叫家人備了兩匹馬同鳳四老爹騎着家人跟隨來到胡

家主人接着在廳上坐下秦二侉子道我們何不到書房裡坐主人道且請用了茶喫過了茶主人邀二位從走巷一直往後邊去只見滿地的馬糞到了書房二位進去看見有幾位客都是胡老八平日相與的些馳馬試劍的朋友今日特來請教鳳四老爹的武藝彼此作揖坐下胡老八道這幾位朋友都是我的相好今日聽見鳳四哥到時爲要求教的鳳四老爹道不敢不敢又喫了一杯茶大家起身閒步一步看那

樓房三間也不甚大旁邊遊廊廊上擺着許多
的鞍架子壁間靠着箭壺一個月洞門過去却
是一個大院子一個馬棚胡老八向秦二侉子
道秦二哥我前日新買了一匹馬身材倒也還
好你估一估值個甚麼價隨叫馬夫將那棗騮
馬牵過來這些客一擁上前來看那馬十分跳
躍不隄防一個廄子把一位少年客的腿踢了
一下那少年便痛得了不得彎了身子蹲下去
胡八亂子看了大怒走上前一脚就把那隻馬

腿踢斷了衆人喫了一驚秦二侉子道好本事
便道好些時不見你你的武藝越發學的精强
了當下先送了那位客回去這裡擺酒上席依
次坐了賓主七八個人猜拳行令大盤大碗喫
了個盡興席完起身秦二侉子道鳳四哥你隨
便使一兩件武藝給衆位老哥們看看衆人一
齊道我等求教鳳四老爹道原要獻醜只是頭
那一件因指着天井內花臺子道把這方磚搬
幾塊到這邊來秦二侉子叫家人搬了八塊放

在堦沿上衆人看鳳四老爹把右手袖子捲一捲那八塊方磚齊齊整整叠作一垜在堦沿上有四尺來高那鳳四老爹把手朝上一拍只見那八塊方磚碎成十幾塊一直到底衆人在旁一齊贊嘆秦二侉子道我們鳳四哥練就了這一个手段他那經上說握拳能碎虎腦側掌能斷牛首這個還不算出奇哩胡八哥你過來你方才踢馬的腿勁也算是頭等了你敢在鳳四哥的腎囊上踢一下我就服你是真名公衆人

都笑說這個如何使得鳳四老爺道八先生你果然要試一試這倒不妨若是踢傷了只怪秦二老官與你不相干衆人一齊道鳳四老爹既說不妨他必然有道理一個個都慫慂胡八亂子踢那胡八亂子想了一想看看鳳四老爹又不是個金剛巨無霸怕他怎的便說道鳳四哥果然如此我就得罪了鳳四老爹把前襟提起露出袴子來他便使盡平生力氣飛起右脚向他襠裡一脚踢去那知這一脚並不像踢到肉

上好像踢到一塊生鐵上把五個脚指頭幾乎碰斷那一痛直痛到心裡去頃刻之間那一隻腿提也提不起了鳳四老爹上前道得罪得罪衆人看了又好驚又好笑鬧了一會道謝告辭主人一瘸一顛把客送了回來那一隻靴再也脫不下來足足腫疼了七八日鳳四老爹在秦二侉子的下處逐日打拳跑馬倒也不寂寞一日正在那里試拳法外邊走進一個二十多歲的人瘦小身材來問南京鳳四老爹可在這里

鳳四老爹出來會着認得是陳正公的姪兒陳蝦子問其來意陳蝦子道前日胡府上有人送信說四老爹你來了家叔却在南京賣絲去了我今要往南京去接他你老人家有甚話我替你帶信去鳳四老爹道我要會令叔也無甚話說他向日挪我的五十兩銀子得便叫他算還給我我在此還有些時耽擱竟等他回來罷了費心拜上令叔我也不寫信了陳蝦子應諾回到家取了行李搭船便到南京找到江寧縣前

傳家絲行裡尋着了陳正公那陳正公正同毛二鬍子在一桌子上喫飯見了姪子叫他一同喫飯問了些家務陳蝦子把鳳四老爹要銀子的話都說了安頓行李在樓上住且說這毛二鬍子先年在杭城開了個絨線鋪原有兩千銀子的本錢後來鑽到胡三公子家做篾片又賺了他兩千銀子搬到嘉興府開了個小當鋪此人有個毛病嗇細非常一文如命近來又同陳正公合火販絲陳正公也是一文如命的人因此志同道合南京絲行裡供給絲客人飲食最爲豐盛毛二鬍子向陳正公道這行主人供給我們頓頓有肉這不是行主人的肉就是我們自已的肉左右他要算了錢去我們不如只喫他的素飯葷菜我們自已買了喫豈不便宜陳正公道正該如此到喫飯的時候叫陳蝦子到熟切担子上買十四個錢的薰腸子三個人同喫那陳蝦子到口不到肚熬的清水滴滴一日毛二鬍子向陳正公道我昨日聽得一個朋友

說這里胭脂巷有一位中書秦老爹要上北京
補官攢湊盤程一時不得應手情願七扣的短
票借一千兩銀子我想這是極穩的主子又三
個月內必還老哥買絲餘下的那一項湊起來
還有二百多兩何不秤出二百一十兩借給他
三個月就拿回三百兩這不比做絲的利錢還
大些老哥如不見信我另外寫一張包管給你
他那中間人我都熟識絲毫不得走作的陳正
公依言借了出去到三個月上毛二鬍子替他

把這一筆銀子討回銀色又足平子又好陳正
公滿心歡喜又一日毛二鬍子向陳正公道我
昨日會見一個朋友是個賣人參的客人他說
國公府裡徐九老爺有個表兄陳四老爹拿了
他斤把人參而今他要回蘇州去陳四老爺一
時銀子不湊手就托他情願對扣借一百銀子
還他限兩個月拿二百銀子取回紙筆也是一
宗極穩的道路陳正公又拿出一百銀子交與
毛二鬍子借出去兩個月討回足足二百兩兌

一兌還餘了三錢把個陳正公歡喜的要不得那陳蝦子被毛二鬍子一味朝死裡算耍的他酒也沒得喫肉也沒得喫恨如頭醋稱空向陳正公說道阿叔在這裡賣絲爽利該把銀子交與行主人做絲揀頭水好絲買了就當在典舖裡當出銀子又趕着買絲買了又當着當舖的利錢微薄像這樣套了去一千兩本錢可以做得二千兩的生意難道倒不好為甚麼信毛二老爺的話放起債來放債倒底是個不穩妥的

事像這樣掛起來幾時纔得回去陳正公道不妨再過幾日收拾收拾也就可以回去了那一日毛二鬍子接到家信看完了咂嘴弄唇只管獨自坐着躊躇陳正公道問府上有何事為甚出神毛二鬍子道不相干這事不好向你說的陳正公再三要問毛二鬍子道小兒寄信來說我東頭街上談家當舖折了本要倒與人現在有半樓貨值得一千六百兩他而今事急了只要一千兩就出脫了我想我的小典裡若把他

這貨倒過來倒是宗好生意可惜而今運不動掣不出本錢來陳正公道你何不同人合火倒了過來毛二鬍子道我也想來若是同人合火領了人的本錢他只要一分八釐行息我還有幾釐的利錢他若是要二分開外我就是羊肉不曾喫空惹一身羶倒不如不幹這把刀兒了陳正公道獃子你為甚不和我商量我家裡還有幾兩銀子借給你跳起來就是了還怕你騙了我的毛二鬍子道罷罷老哥生意事拿不穩

設或將來虧折了不彀還你那時叫我拿甚麼臉來見你陳正公見他如此至誠一心一意要把銀子借與他說道老哥我和你從長商議我這銀子你拿去倒了他家貨來我也不要你的大利錢你只每月給我一個二分行息多的利錢都是你的將來陸續還我縱然有些長短我和你相好難道還怪你不成毛二鬍子道既承老哥美意只是這裡邊也要有一個人做個中見寫一張切切實實的借券交與你執着纔有

個憑據你纔放心那有我兩個人私相授受的呢陳正公道我知道老哥不是那樣人並無甚不放心處不但中人不必連紙筆也不要總以信行爲主罷了當下陳正公瞞着陳蝦子把行箱中餘賸下以及討回來的銀子湊了一千兩封的好好的交與毛二鬍子道我已經帶來的絲等行主人代賣這銀子本打算回湖州再買一回絲而今且交與老哥先回去做那件事我在此再等數日也就回去了毛二鬍子謝了收

起銀子次日上船回嘉興去了又過了幾天陳正公把賣絲的銀收齊全了辭了行主人帶着陳蝦子搭船回家順便到嘉興上岸看看毛鬍子那毛鬍子的小當舖開在西街上一路問了去只見小小門面三間一層看牆進了看牆門院子上面三間廳房安着櫃臺幾個朝俸在裡面做生意陳正公問道這可是毛二爺的當舖櫃裡朝俸道尊駕貴姓陳正公道我叫做陳正公從南京來要會會毛二爺朝俸道且請裡面

坐後一層便是堆貨的樓陳正公進來坐在樓底下小朝俸送上一杯茶來喫着問道毛二哥在家麽朝俸道這鋪子原是毛二爺起頭開的而今已經倒與汪敏東了陳正公喫了一驚道他前日可曾來朝俸道這也不是他的店了他還來做甚麽陳正公道他而今那里去了朝俸道他的脚步散散的知他是到南京去北京去了陳正公聽了這些話驢頭不對馬嘴急了一身的臭汗同陳蝦子回到船上趕到了家次日

清早有人來敲門開門一看是鳳四老爹邀進客座說了些久違想念的話因說道承假一項久應奉還無奈近日又被一個人負騙竟無法可施鳳四老爹問其緣故陳正公細細說了一遍鳳四老爹道這個不妨我有道理明日我同秦二老爺回南京你先在嘉興等着我我包你討回一文也不少何如陳正公道若果如此重重奉謝老爺鳳四老爹道要謝的話不必再提别過回到下處把這些話告訴秦二侉子二侉

子道四老爹的生意又上門了這是你最喜做的事一面叫家人打發房錢收拾行李到斷河頭上了船將到嘉興秦二侉子道我也跟你去瞧瞧熱鬧同鳳四老爹上岸一直找到毛家當鋪只見陳正公正在他店裡吵里鳳四老爹兩步做一步闖進他看牆門高聲嚷道姓毛的在家不在家陳家的銀子到底還不還那櫃臺裡朝俸正待出來答話只見他兩手扳着看牆門把身子往後一掙那垜看牆就拉拉雜雜卸下半

堵秦二侉子正要進來看幾乎把頭打了那些朝俸和取當的看了都目瞪口呆鳳四老爹轉身走上廳來背靠着他櫃臺外柱子大叫道你們要命的快些走出去說着把兩手背剪着把身子一扭那條柱子就離地歪在半邊那一架廳簷就塌了半個磚頭瓦片紛紛的打下來灰土飛在半天裡還虧朝俸們跑的快不曾傷了性命那時街上人聽見裡面倒的房子響門口看的人都擠滿了毛二鬍子見不是事只得從

裡面走出來鳳四老爹一頭的灰越發精神抖
抖走進樓底下靠着他的庭柱衆人一齊上前
軟求毛二鬍子自認不是情願把這一筆賬本
利清還只求鳳四老爹不要動手鳳四老爹大
笑道諒你有多大的個巢窩不彀我一頓飯時
都折成平地這時秦二侉子同陳正公都到樓
下坐着秦二侉子說道這件事原是毛兄的不
是你以為沒有中人借券打不起官司告不起
狀就可以白騙他的可知道不怕該債的精窮

只怕討債的英雄你而今遇着鳳四哥還怕賴
到那里去那毛二鬍子無計可施只得將本和
利一平兌還纔完了這件橫事陳正公得了銀
子送秦二侉子鳳四老爹二位上船彼此洗了
臉拿出兩封一百兩銀子謝鳳四老爹鳳四老
爹笑道這不過是我一時高興那里要你謝我
留下五十兩以清前賬這五十兩你還拿回去
陳正公謝了又謝拿着銀子辭別二位另上小
船去了鳳四老爹同秦二侉子說說笑笑不日

到了南京各自回家過了兩天鳳四老爹到胭脂巷候秦中書他們上人回道老爺近來同一位太平府的陳四老爺鎮日在來賓樓張家鬧總也不回家後來鳳四老爹會着勸他不要做這些事又恰好京裡有人寄信來說他補缺將近秦中書也就收拾行裝進京那來賓樓只賺得一個陳四老爹只因這一番有分教國公府內同飛玩雪之觴來賓樓中忽訝深宵之夢畢竟怎樣一個來賓樓且聽下回分解

上文留下一個秦二侉子爲此地之用眞爐錘在手花樣生新

胡八亂子與秦二侉子是一類人其意中不滿足乃兄處寫來活像

掐方磚踢腎囊一段活畫出惡少子弟好勇鬭狠的氣象妙筆妙筆

毛二鬍子老謀深算不過要他打不起官司告不起狀耳却被秦二侉子一語叫破然鳳四老爹折毀了他的廳房亦是打不起官司

告不起狀之一事可見我以何術制人人卽

以何術制我機巧詐僞安所用之此書有功

於人世處不少也

看二蠲子爲陳正公生利兩事能倒攝下文

在此處眞不肯浪費筆墨

儒林外史第五十三回

國公府雪夜留賓　來賓樓燈花驚夢

話說南京這十二樓前門在武定橋後門在東花園鈔庫街的南首就是長板橋自從太祖皇帝定天下把那元朝功臣之後都沒入樂籍有一個教坊司管着他們也有衙役執事一般也坐堂打人只是那王孫公子們來他却不敢和他起坐只許垂手相見每到春三二月天氣那些姊妹們都勻脂抹粉站在前門花柳之下彼

此邀伴頑耍又有一個盒子會邀集多人治備極精巧的時樣飲饌都要一家賽過一家那有幾分顏色的也不肯胡亂接人又有那一宗老幇閑專到這些人家來替他燒香擦爐安排花盆揩抹棹椅教琴棋書畫那些妓女們相與的孤老多了却也要幾個名士來往覺得破破俗那來賓樓有個雛兒叫做聘娘他公公在臨春班做正旦小時也是極有名頭的後來長了鬍子做不得生意却娶了一个老婆只望替他接

接氣那曉的又胖又黑自從娶了他鬼也不上門來後來沒奈何立了一个兒子替他討了一个童養媳婦長到十六歲却出落得十分人才自此孤老就走破了門檻那聘娘雖是个門戶人家心裡最喜歡相與官他母舅金修義就是金次福的兒子常時帶兩个大老官到他家來走走那日來對他說明日有一个貴人要到你這里來玩玩他是國公府內徐九公子的表兄這人姓陳排行第四人都呌他是陳四老爺我昨日在國公府裡做戲那陳四老爺向我說他着實聞你的名要來看你你將來相與了他就可結交徐九公子可不是好聘娘聽了也着實歡喜金修義吃完茶去了次日金修義回覆陳四老爺去那陳四老爺是太平府人寓在東水關董家河房金修義到了寓處門口兩个長隨穿着一身簇新的衣服傳了進去陳四老爺出來頭帶方巾身穿玉色緞直裰裡邊襯着狐狸皮襖脚下粉底皂靴白淨面皮約有二十八九

歲見了金修義問道你昨日可曾替我說信去我幾時好去走走修義道小的昨日去說了他那裡專候老爺降臨陳四老爺道我就和你一路去罷說着又進去換了一套新衣服出來叫那兩个長隨叫轎夫伺候只見一个小小厮進來拏着一封書陳四老爺認得他是徐九公子家的書童接過書字拆開來看上寫着積雪初霽瞻園紅梅次第將放望表兄文駕過我園爐作竟日談萬勿推却至囑至囑上木南表兄先生徐詠頓首陳木南看了向金修義道我此時要到國公府裡去你明日再來罷金修義去了陳木南隨即上了轎兩个長隨跟着來到大功坊轎子落在國公府門口長隨傳了進去半日裡邊道有請陳木南下了轎走進大門過了銀鑾殿從旁邊進去徐九公子立在瞻園門口迎着叫聲四哥怎麼穿這些衣服陳木南看徐九公子時烏帽珥貂身穿織金雲緞夾衣腰繫絲縧脚下朱履兩人拉着手只見那園裡高高低

低都是太湖石堆的玲瓏山子山子上的雪還不曾融盡徐九公子讓陳木南沿着欄干曲曲折折來到亭子上那亭子是園中最高處望着那園中幾百樹梅花都微微含着紅萼徐九公子道近來南京的天氣暖的這樣早不消到十月盡這梅花都已大放可觀了陳木南道表弟府裏不比外邊這亭子雖然如此軒敞却不見一點寒氣襲人唐詩說的好無人知道外邊寒不到此地那知古人措語之妙說着擺上酒來

都是銀打的盆子用架子架着底下一層貯了燒酒用火點着發騰騰的暖着那裡邊的肴饌却無一點烟火氣兩人吃着徐九公子道近來的器皿都要翻出新樣却不知古人是怎樣的制度想來倒不如而今精巧陳木南道可惜我來遲了一步那一年虞博士在國子監時遲衡山請他到泰伯祠主祭用的都是古禮古樂那些祭品的器皿都是訪古購求的我若那時在南京一定也去與祭也就可以見古人的制度

了徐九公子道十幾年來我常在京却不知道家鄉有這幾位賢人君子竟不曾會他們一面也是一件缺陷事吃了一會陳木南身上煖烘烘十分煩躁起來脫去了一件衣服管家忙接了摺好放在衣架上徐九公子道聞的向日有一位天長杜先生在這莫愁湖大會梨園子弟那時却也還有幾个有名的脚色而今怎麼這些做生旦的却要一个看得的也沒有難道此時天也不生那等樣的脚色陳木南道論起這件事却也是杜先生作俑自古婦人無貴賤任憑他是青樓婢妾到得收他做了側室後來生出兒子做了官就可算的母以子貴那些做戲的憑他怎麽樣到底算是个賤役自從杜先生一番品題之後這些縉紳士大夫家筵席間定要幾个梨園中人雜坐衣冠隊中說長道短這个成何體統看起來那杜先生也不得辭其過徐九公子道也是那些暴發戶人家若是我家他怎敢大胆說了一會陳木南又覺的身上煩

熱忙脫去一件衣服管家接了去陳木南道尊府雖比外面不同怎麼如此太暖徐九公子道四哥你不見亭子外面一丈之外雪所不到這亭子却是先國公在時造的全是白銅鑄成內中燒了煤火所以這般温暖外邊怎麼有這樣所在陳木南聽了才知道這个原故兩人又飲一會天氣昏暗了那幾百樹梅花上都懸了羊角燈磊磊落落點將起來就如千點明珠高下照耀越掩映着那梅花枝幹横斜可愛酒罷捧

上茶來吃了陳木南告辭回寓過了一日陳木南寫了一个札字叫長隨拿到國公府向徐九公子借了二百兩銀子買了許多緞疋做了幾套衣服長隨跟着到聘娘家來做進見禮到了來賓樓門口一隻小猱獅狗叫了兩聲裡邊那个黑胖虔婆出來迎接看見陳木南人物體面慌忙說道請姐夫到裡邊坐陳木南走了進去兩間臥房上面小小一个粧樓安排着花瓶爐几十分清雅聘娘先和一个人在那裏下圍棋

見了陳木南來慌忙亂了局來陪說道不夘老爺到來多有得罪虞婆道這就是太平陳四老爺你常時念着他的詩要會他的四老爺才從國公府裡來的陳木南道兩套不堪的衣裳媽媽休嫌輕慢虞婆道說那里話姐夫請也請不至陳木南因問這一位尊姓聘娘接過來道這是北門橋鄒泰來太爺是我們南京的國手就是我的師父陳木南道久仰鄒泰來道這就是陳四老爺一向知道是徐九老爺姑表弟兄是

一位貴人今日也肯到這裡來真个是聘娘的福氣了聘娘道老爺一定也是高手何不同我師父下一盤我自從跟着鄒師父學了兩年還不會得着他一着兩着的竅里虞婆道姐夫且同鄒師父下一盤我下去偹酒來陳木南道怎好就請教的聘娘道這个何妨我們鄒師父是極喜歡下的就把棋枰上棋子揀做兩處請他兩人坐下鄒泰來道我和四老爺自然是對下陳木南道先生是國手我如何下的過只好讓

幾子請教罷聘娘坐在傍邊不由分說替他擺了七个黑子鄒泰來道如何擺得這些真个是要我出醜了陳木南道我知先生是不空下的而今下个彩罷取出一錠銀子交聘娘拿着聘娘又在傍邊偪着鄒泰來動着鄒泰來勉强下了幾子陳木南起首還不覺的到了半盤四處受敵待要吃他幾子又被他占了外勢待要不吃他的自已又不得活及至後來雖然贏了他兩子確費盡了氣力鄒泰來道四老爺下的高

和聘娘真是个對手聘娘道鄒師父是從來不給人贏的今日一般也輸了陳木南道鄒先生方纔分明是讓我那里下的過還要添兩子再請教一盤鄒泰來因是有彩又曉的他是屎棊也不怕他惱擺起九个子足足贏了三十多着陳木南肚裡氣得生疼拉着他只管下了去一直讓到十三共總還是下不過因說道先生的棊寔是高還要讓幾个纔好鄒泰來道盤上再沒有个擺法了却是怎麽樣好聘娘道我們而

个另有个頑法鄒師父頭一着不許你動隨便掂着丢在那里就算這叫个憑天降福鄒泰來笑道這成个甚麼欵那有這个道理陳木南又偪着他下只得叫聘娘拿一个白子混丢在盤上接着下了去這一盤鄒泰來却殺死四五塊陳木南正在暗歡喜又被他生出一个刧來打个不清陳木南又要輸了聘娘手裏抱了烏雲覆雪的猫望上一撲那棋就亂了兩人大笑站起身來恰好虔婆來說酒席齊備擺上酒來聘娘高擎翠袖將頭一杯奉了陳四老爺第二杯就要奉師父師父不敢當自已接了酒彼此放在桌上虔婆也走來坐在横頭候四老爺乾了頭一杯虔婆自已也奉一杯酒說道四老爺是在國公府裡吃過好酒好肴的到我們門戶人家那裡吃得慣聘娘道你看儂媽也韶刀了難道四老爺家没有好的吃定要到國公府裡才吃着好的虔婆笑道姑娘說的是又是我的不是了且罰我一杯當下自已斟着吃了一大杯

陳木南笑道酒菜也是一樣虔婆道四老爺想我老身在南京也活了五十多歲每日聽見人說國公府裡我却不曾進去過不知怎樣像天宮一般哩我聽見說國公府裡不點蠟燭鄒泰來道這媽媽講獃話國公府不點蠟燭倒點油燈虔婆伸過一隻手來道鄒大爺榧子兒你嗒嗒他府裡不點蠟燭倒點油燈他家那些娘娘們房裡一个人一个斗大的夜明珠掛在梁上照的一屋都亮所以不點蠟燭四老爺這話可

是有的麼陳木南道珠子雖然有也未必拿了做蠟燭我那表嫂是个和氣不過的人這事也容易將來我帶了聘娘進去看看我那表嫂你老人家就裝一个跟隨的人拿了衣服包也就進去看看他的房子了虔婆合掌道阿彌陀佛眼見希奇物勝作一世人我成日裡燒香念佛保佑得這一尊天貴星到我家來帶我到天宮裡走走老身來世也得人身不變驢馬鄒泰來道當初太祖皇帝帶了王媽媽季巴巴到皇宮

裡去他們認做古廟你明日到國公府裡去只怕也要認做古廟哩一齊大笑虔婆又吃了兩杯酒醉了涎着醉眼說道他府裡那些娘娘不知怎樣像畫兒上畫的美人老爺若是把聘娘帶了去就比下來了聘娘瞅他一眼道人生在世上只要生的好那在乎貴賤難道做官的有錢的女人都是好看的我舊年在石觀音庵燒香遇着國公府裡十幾乘轎子下來一个个團頭團臉的也沒有甚麼出奇虔婆道又是我說

的不是姑娘說的是再罰我一大杯當下虔婆前後共吃了幾大杯吃的乜乜斜斜東倒西歪收了傢伙叫撈毛的打燈籠送鄒泰來家去請四老爺進房歇息陳木南下樓來進了房裡聞見噴鼻香窗子前花梨桌上安着鏡臺墻上懸着一幅陳眉公的畫壁桌上供着一尊玉觀音兩邊放着八張水磨楠木椅子中間一張羅甸床掛着大紅紬帳子床上被褥足有三尺多高枕頭邊放着薰籠床面前一架幾十個香櫞結

成一个流蘇房中間放着一个大銅火盆燒着通紅的炭頓着銅銚煨着雨水聘娘用纖手在錫餅內撮出銀針茶來安放在宜興壺裡冲了水遞與四老爺和他並肩而坐叫了頭出去取水來聘娘拿大紅汗巾搭在四老爺磕膝上問道四老爺你既同國公府裏是親戚你幾時才做官陳木南道這話我不告訴別人怎肯瞞你我大表兄在京裡已是把我荐了再過一年我就可以得个知府的前程你若有心于我我將

來和你媽說了拿幾百兩銀子贖了你同到任上去聘娘聽了他這話拉着手倒在他懷裡說道這話是你今晚說的燈光菩薩聽着你若是丟了我再娶了別的妖精我這觀音菩薩最靈驗我只把他背過臉來朝了墻叫你同別人睡假着枕頭就頭疼爬起來就不頭疼我是好人家兒女也不是貪圖你做官就是愛你的人物你不要辜負了我這一點心了頭推開門拿湯桶送水進來聘娘慌忙站開了抽屜拿出一

包檀香屑倒在脚盆裡倒上水請四老爺洗坐脚正洗着只見又是一个了頭打了燈籠一班四五个少年姊妹都戴着貂鼠煖耳穿着銀鼠灰鼠衣服進來嘻嘻笑笑兩邊椅子坐下說道聘娘今日接了貴人盆子會明日在你家做分子是你一个人出聘娘道這个自然姊妹們笑頑了一會去了聘娘解衣上床陳木南見他豐若有肌柔若無骨十分歡洽朦朧睡去忽又驚醒見燈花炸了一下回頭看四老爺時已經睡

熟聽那更鼓時三更半了聘娘將手理一理被頭替四老爺蓋好也便合着睡去睡了一時只聽得門外鑼響聘娘心裡疑惑這三更半夜那里有鑼到我門上來看看鑼聲更近房門外一个人道請太太上任聘娘只得披繡襖倒靸弓鞋走出房門外只見四个管家婆娘齊雙雙跪下說道陳四老爺已經陞授杭州府正堂了特着奴婢們來請太太到任同享榮華聘娘聽了忙走到房裡梳了頭穿了衣服那婢子又送了

鳳冠霞帔穿帶起來出到廳前一乘大轎聘娘上了轎擡出大門只見前面鑼句掮旂句傘句吹手句夜役句一隊隊擺着又聽的說先要擡到國公府裡去正走得興頭路旁邊走過一个黃臉禿頭師姑來一把從轎子裡揪着聘娘罵那些人道這是我的徒弟你們擡他到那里去聘娘說道我是杭州府的官太太你這禿師姑怎敢來揪我正要叫夜役鎖他舉眼一看那些人都不見了急得大叫一聲一交撞在四老爺懷裡醒了原來是南柯一夢只因這一番有分教

風流公子忽爲閒嚙之遊窈窕佳人竟作禪關之客畢竟後事如何且聽下回分解

儒林外史第五十四回

病佳人青樓算命　呆名士妓館獻詩

話說聘娘同四老爺睡着夢見到杭州府的任驚醒轉來窗子外已是天亮了起來梳洗陳木南也就起來虔婆進房來問了姐夫的好吃過點心恰好金修義來鬧着要陳四老爺的喜酒陳木南道我今日就要到國公府裡去明日再來爲你的情罷金修義走到房裡看見聘娘手挽着頭髮還不曾梳完那烏雲鬌鬌半截垂在

地下說道恭喜聘娘接了這樣一位貴人你看着恁般時候尚不曾定當可不是越發嬌嬾了因問陳四老爺明日甚麽時候纔來等我吹笛子叫聘娘唱一隻曲子與老爺聽他的李太白淸平三調是十六樓沒有一个賽得過他的說着聘娘又拏汗巾替四老爺拂了頭巾囑咐道你今晚務必來不要哄我老等着陳木南應諾了出了門帶着兩个長隨回到下處思量沒有錢用又寫一个札子叫長隨拏到國公府裡向

你九公子再借二百兩銀子湊着好用長隨去了半天回來說道九老爺拜上爺府裡的三老爺方從京裡到選了福建漳州府正堂就在這兩日內要起身上任去九老爺也要同到福建任所料理事務說銀子等明日來辭行自帶來陳木南道既是三老爺到了我去候他隨坐了轎子帶着長隨來到府裡傳進去管家出來回道三老爺九老爺都到徐府裡赴席去了四爺有話說留下罷陳木南道我也無甚話是來特

候三老爺的陳木南回到寓處過了一日三公子同九公子來河房裡辭行門口下了轎子陳木南迎進河廳坐下三公子道老弟許久不見風采一發倜儻姑母去世愚表兄遠在都門不曾親自弔唁幾年來學問更加淵博了陳木南道先母辭世三載有餘弟因想念九表弟文字相好所以來到南京朝夕請教今表兄榮任閩中賢昆玉同去愚表弟倒覺失所了九公子道表兄若不見棄何不同到漳州長途之中到覺

得頗不寂寞陳木南道原也要和表兄同行因
在此地還有一兩件小事俟兩三月之後再到
表兄任上來罷九公子隨叫家人取一个拜匣
盛着二百兩銀子送與陳木南收下三公子道
專等老弟到敝署走走我那裡還有事要相煩
幫襯陳木南道一定來効勞的說着吃完了茶
兩人告辭起身陳木南送到門外又隨坐轎子
到府裡去送行一直送他兩人到了船上才辭
別回來那金修義已經坐在下處扯他來到來

賓樓進了大門走到臥房只見聘娘臉兒黃黃
的金修義道幾日不見四老爺來心口疼的病
又發了虔婆在旁道自小兒嬌養慣了是有這
一个心口疼的病但凡着了氣惱就要發他因
四老爺兩日不曾來只道是那些憎嫌他就發
了聘娘看見陳木南含着一雙淚眼總不則聲
陳木南道你到底是那里疼痛要怎樣才得好
往日發了這病却是甚麼樣醫虔婆道往日發
了這病茶水也不能嚥一口醫生來撮了藥他

又怕苦不肯吃只好頓了人參湯慢慢給他吃着才保全不得傷大事陳木南道我這裡有銀子且拏五十兩放在你這里換了人參來用着再揀好的換了我自己帶來給你那聘娘聽了這話挨着身子靠着那綉枕一團兒坐在被窩裡胸前闈着一个紅抹胸嘆了一口氣說道我這病一發了不曉得怎的就這樣心慌那些先生們說是单吃人參又會助了虚火往常總是合着黃連煨些湯吃夜裡睡着才得合眼要是

不吃就只好是眼睜睜的一夜醒到天亮陳木南道這也容易我明日換些黃連來給你就是了金修義道四老爺在國公府裡人參黃連論秤稱也不值甚麼聘娘那裡用的了聘娘道我不知怎的心裡慌慌的合着眼就做出許多胡枝扯葉的夢清天白日的還有些害怕金修義道總是你身子生的虛弱經不得勞碌着不得氣惱虔婆道莫不是你傷着甚麼神道替你請个尼僧來禳解禳解罷正說着門外敲的手磬

子响虔婆出來看原來是延壽菴的師姑本慧來收月米虔婆道呵呀是本老爺兩个月不見你來了這些時菴裡做佛事忙本師姑道不瞞你老人家說今年運氣低把一个二十歲的大徒弟前月死掉了連觀音會都沒有做的成你家的相公娘好虔婆道也常時三好兩歹的虧的太平府陳四老爺照顧他他是國公府裡徐九老爺的表兄常時到我家來偏生的聘娘沒造化心口疼的病發了你而今進去看看本師

姑一同走進房裡虔婆道這便是國公府裡陳四老爺本師姑上前打了一个問訊金修義道四老爺這是我們這裡的本師父極有道行的本師姑見過四老爺走到床面前來看相公娘金修義道方才說要禳解何不就請本師父禳解禳解本師姑道我不會禳解我來看看相公娘的氣色罷便走了來一屁股坐到床沿上聘娘本來是認得他的今日擡頭一看却見他黃着臉禿着頭就和前日夢裡揪他的師姑一模

一樣不覺就懊惱起來只叫得一聲多勞便把
被蒙着頭睡下本師姑道相公娘心裡不耐煩
我且去罷向衆人打个問訊出了房門虔婆將
月米遞給他他左手拿着磬子右手拿着口袋
去了陳木南也隨卽同到寓所拿銀子叫長隨
趕着去換人參換黄連只見主人家董老太拄
着拐杖出來說道四相公你身子又結結實實
的只管換這些人參黄連做甚麽我聽見這些
時在外頭憨頑我是你的房主人又這樣年老

四相公我不好說的自古道船載的金銀塡不
滿烟花債他們這樣人家是甚麽有良心的把
銀子用完他就屁股也不朝你了我今年七十
多歲看經念佛觀音菩薩聽着我怎肯眼睜睜
的看着你上當不說陳木南道老太說的是我
都知道了這人參黄連是國公府裡托我換的
因怕董老太韶刀便說道恐怕他們換的不好
還是我自己去走了出來到人參店裡尋着了
長隨換了半斤人參半斤黄連和銀子就像攃

寳的一般捧到來賓樓來才進了來賓樓門聽見裏面彈的三弦子响是虔婆叫了一个男瞎子來替姑娘算命陳木南把人參黃連遞與虔婆坐下聽算命那瞎子道姑娘今年十七歲大運交庚寅寅與亥合合着時上的貴人該有个貴人星坐命就是四正有些不利弔動了一个計都星在裡面作擾有些啾唧不安却不得大事莫怪我直談姑娘命裡犯一个華蓋星却要記一个佛名應破了才好將來從一个貴人還

有戴鳳冠霞帔有太太之分哩說完橫着三絃彈着又唱一回起身要去虔婆留吃茶捧出一盤雲片糕一盤黑棗子來放个小桌子與他坐着了頭甌茶遞與他吃着陳木南問道南京城裡你們這生意也還好麼瞎子道說不得比不得上年了上年都是我們沒眼的算命這些年睜眼的人都來算命把我們擠壞了就是這南京城二十年前有个陳和甫他是外路人自從一進了城這些大老官家的命都是他攔攔着

算了去而今死了積作的个兒子在我家那間壁招親日日同丈人吵窩子吵的隣家都不得安身眼見得我今日回家又要聽他吵了說罷起身道過多謝去了一直走了回來到東花園一个小巷子裡果然又聽見陳和甫的兒子和丈人吵丈人道你每日在外測字也還尋得幾十文錢只買了猪頭肉飄湯燒餅自己搗嗓子一个錢也不拏了來家難道你的老婆要我替你養着這个還說是我的女兒也罷了你除了猪頭肉的錢不還也來問我要終日吵鬧這事那里來的晦氣陳和甫的兒子道老爹假使這猪頭肉是你老人家自己吃了你也要還錢丈人道胡說我若吃了我自然還這都是你吃的陳和甫兒子道設或我這錢已經還過老爹老爹用了而今也要還人丈人道放屁你是該人的錢怎是我用你的陳和甫兒子道萬一猪不生這个頭難道他也來問我要錢丈人見他十分胡說拾了个叉子棍趕着他打瞎子摸了過

來扯勸丈人氣的顫呵呵的道先生這樣不成
人我說說他他還拿這些混帳話來答應我豈
不可恨陳和甫兒子道老爹我也沒有甚麽混
帳處我又不吃酒又不賭錢又不嫖老婆每日
在測字的桌子上還拏着一本詩念有甚麽混
帳處丈人道不是別的混帳你放着一个老婆
不養只是累我我那里累得起陳和甫兒子道
老爹你不喜女兒給我做老婆你退了回去罷
了丈人罵道該死的畜生我女兒退了做甚麽

事哩陳和甫兒子道聽憑老爹再嫁一个女婿
罷了丈人大怒道瘟奴除非是你死了或是做
了和尚這事纔行得陳和甫兒子道死是一時
死不來我明日就做和尚去丈人氣憤憤的道
你明日就做和尚瞎子聽了半天聽他兩人說
的都是堂屋裡掛草荐不是話也就不扯勸慢
慢的摸着回去了次早陳和甫的兒子剃光了
頭把瓦楞帽賣掉了換了一頂和尚帽子戴着
來到丈人面前合掌打个問訊道老爹貧僧今

日告別了丈人見了大驚雙雙掉下淚來又着
實數說了他一頓知道事已無可如何只得叫
他寫了一張紙自已帶着女兒養活去了陳和
尚自此以後無妻一身輕有肉萬事足每日測
字的錢就買肉吃吃飽了就坐在文德橋頭測
字的桌子上念詩十分自在又過了半年那一
日正拏着一本書在那裡看遇着他一个同夥
的測字丁言志來看他見他看這本書因問道
你這書是幾時買的陳和尚道我才買來三四

天丁言志道這是鶯脰湖唱和的詩當年胡三
公子約了趙雪齋景蘭江楊執中先生匡超人
馬純上一班大名士大會鶯脰湖分韻作詩我
還切記得趙雪齋先生是分的八齊你看這起
句湖如鶯脰夕陽低只消這一句便將題目點
出以下就句句貼切移不到別處宴會的題目
上去了陳和尚道這話要來問我才是你那里
知道當年鶯脰湖大會也並不是胡三公子做
主人是婁中堂家的三公子四公子那時我家

先父就和婁氏弟兄是一人之交彼時大會鶯脰湖先父一位楊執中先生權勿用先生牛布衣先生蘧駪夫先生張鉄臂兩位主人還有楊先生的令郎共是九位這是我先父親口說的我到不曉得你那里知道丁言志道依你這話難道趙雪齋先生景蘭江先生的詩都是別人假做的了你想想你可做得來陳和尙道你這話尤其不通他們趙雪齋這些詩是在西湖上做的並不是鶯脰湖那一會丁言志道他分明

是說湖如鶯脰怎麽說不是鶯脰湖大會陳和尙道這一本詩也是彙集了許多名士合刻的就如這个馬純上生平也不會作詩那裡忽然又跳出他一首丁言志道你說的都是些夢話馬純上先生蘧駪夫先生做了不知多少詩你何嘗見過陳和尙道我不曾見過到是你見過你可知道鶯脰湖那一會並不曾有人做詩你不知那裡耳朶响還來同我嘈吵丁言志道我不信那裡有這些大名士聚會竟不做詩的這

等看起來你尊翁也未必在鶯脰湖會過若會過的人也是一位大名士了恐怕你也未必是他的令郎陳和尚惱了道你這話胡說天下那裡有个冒認父親的丁言志道陳思阮你自已做兩句詩罷了何必定要冒認做陳和甫先生的兒子陳和尚大怒道丁詩你幾年桃子幾年人跳起來通共念熟了幾首趙雪齋的詩鑿鑿的就呻着嘴來講名士丁言志跳起身來道我就不該講名士你到底也不是一个名士兩个

人說戧了揪着領子一頓亂打和尚的光頭被他鑿了幾下鑿的生疼拉到橋頂上和尚眊着眼要拉到他跳河被丁言志搡了一交骨碌碌就滾到橋底下去了和尚在地下急的大嚷大叫正叫着遇見陳木南踱了來看見和尚仰巴叉睡在地下不成模樣慌忙拉起來道這是怎的和尚認得陳木南指着橋上說道你看這丁言志無知無識的走來說是鶯脰湖的大會是胡三公子的主人我替他講明白了他還要死

強並且說我是冒認先父的兒子你說可有這个道理陳木南道這个是甚麼要緊的事你兩个人也這樣鬼吵其寔丁言老也不該說思老是冒認父親這却是言老的不是丁言志道四先生你不曉得我難道不知道他是陳和甫先生的兒子只是他擺出一副名士臉來太難看陳木南笑道你們自家人何必如此要是陳思老就會擺名士臉當年那虞博士莊徵君怎樣過日子呢我和你兩位吃杯茶和和事下回不

必再吵了當下拉到橋頭間壁一个小茶館裡坐下吃着茶陳和尚道聽見四先生令表兄要接你同到福建去怎樣還不見動身陳木南道我正是為此來尋你測字幾時可以走得丁言志道先生那些測字的話是我們籤火七占通的你要動身揀个日子走就是了何必測字陳和尚道四先生你半年前我們要會你一面也不得能勾我出家的第二日有一首薙髮的詩送到你下處請教那房主人董老太說你又到

外頭頑去了你却一向在那里今日怎管家也不帶自己在這裡閒撞陳木南道因這來賓樓的聘娘愛我的詩做的好我常在他那裡丁言志道青樓中的人也曉得愛才這就雅極了向陳和尚道你看他不過是个巾幗還曉得看詩怎有个鶯脰湖大會不作詩的呢陳木南道思老的話到不差那婁玉亭便是我的世伯他當日最相好的是楊執中權勿用他們都不以詩名陳和尚道我聽得權勿用先生後來犯出一件事來不知怎麼樣結局陳木南道那也是他學裡幾個秀才誣賴他的後來這件官事也昭雪了又說了一會陳和尚同丁言志別過去了陳木南交了茶錢自己走到來賓樓一進了門虔婆正在那裡同一个賣花的穿桂花球見了陳木南道四老爺請坐下罷了陳木南道我樓上去看看聘娘虔婆道他今日不在家到輕烟樓做盒子會去了陳木南道我今日來和他辭辭行就要到福建去虔婆道四老爺就要起身

將來可還要回來的說着了頭捧一杯茶來陳木南接在手裡不大熱吃了一口就不吃了虔婆看了道怎麽茶也不肯泡一壺好的丟了桂花球就走到門房裡去罵烏龜陳木南看見他不瞅不睬只得自己又踱了出來走不得幾步頂頭遇着一个人叫道陳四爺你還要信行些才好怎叫我們只管跑陳木南道你閙着偺大的人參鋪那在乎這幾十兩銀子我少不得料理了送來給你那人道你那兩个尊管而今也不見面走到尊寓只有那房主人董老太出來回他一个堂客家我怎好同他七个八个的陳木南道你不要慌躲得和尚躲不得寺我自然有个料理你明日到我寓處來那人道明早是必留下不要又要我們跑腿說過就去了陳木南回到下處心裡想道這事不尷尬長隨又走了虔婆家又走不進他的門銀子又用的精光還剩了一屁股兩肋巴的債不如捲捲行李往福建去罷瞞着董老太一溜煙走了次日那賣

人參的清早上走到他寓所來坐了半日連鬼也不見一个那門外推的門响又走進一个人來摇着白紙詩扇文縐縐的那賣人參的起來問道尊姓那人道我就是丁言志來送新詩請教陳四先生的賣人參的道我也是來尋他的又坐了半天不見人出來那賣人參的就把屏門拍了幾下董老太拄着拐杖出來問道你們尋那个的賣人參的道我來找陳四爺要銀子董老太道他麽此時好到觀音門了那賣人參

的大驚道這等可曾把銀子留在老太處董老太道你還說這話連我的房錢都騙了他自從來賓樓張家的妖精纏昏了頭那一處不脫空背着一身的債還希罕你這幾兩銀子賣人參的聽了啞叭夢見媽說不出的苦急的暴跳如雷丁言志勸道尊駕也不必急急也不中用只好請回陳四先生是个讀書人也未必就騙你將來他回來少不得還哩那人跳了一回無可奈何只得去了丁言志也摇着扇子晃了出來

自心裡想道堂客也會看詩那十六樓不曾到過何不把這幾兩測字積下的銀子也去到那裡頑頑主意已定回家帶了二卷詩換了幾件半新不舊的衣服戴一頂方巾到來賓樓來烏龜看見他像个獃子問他來做甚麼丁言志道我來同你家姑娘談談詩烏龜道既然如此且秤下箱錢烏龜拿着黃梈戥子丁言志在腰裏摸出一个包子來散散碎碎共有二兩四錢五分頭烏龜道還差五錢五分丁言志道會了姑

娘再找你罷丁言志自己上得樓來看見聘娘在那里打棋譜上前作了一个大揖聘娘覺得好笑請他坐下問他來做甚麼丁言志道久仰姑娘最喜看詩我有些拙作特來請教聘娘道我們本院的規矩詩句是不白看的先要拏出花錢來再看丁言志在腰裡摸了半天摸出二十个銅錢來放在花梨桌上聘娘大笑道你這个錢只好送給儀徵豐家巷的撈毛的不要玷污了我的桌子快些收了回去買燒餅吃罷丁

言志羞得臉上一紅二白低着頭捲了詩揣在懷裡悄悄的下樓回家去了虔婆聽見他囮着獃子要了花錢走上樓來問聘娘道你剛才向獃子要了幾兩銀子的花錢拿來我要買緞子去聘娘道那獃子那裏有銀子拿出二十銅錢來我那裏有手接他的被我笑的他回去了虔婆道你是甚麼巧主兒囮着獃子還不問他要一大注子肯白白放了他回去你往常嫖客給的花錢何常分一个半个給我聘娘道我替你

家尋了這些錢還有甚麼不是些小事就來尋事我將來從了良不怕不做太太你放這樣獃子上我的樓來我不說你罷了你還要來嘴喳喳虔婆大怒走上前來一个嘴巴把聘娘打倒在地聘娘打滾撒了頭髮哭道我貪圖些甚麼受這些折磨你家有銀子不愁弄不得一个人來放我一條生路去罷不由分說向虔婆大哭大罵要尋刀刎頸要尋繩子上弔鬏都滾掉了虔婆也慌了叫了老烏龜上來再三勸解總是

不肯依閙的要死要活無可柰何由着他拜做
延壽菴本慧的徒弟剃光了頭出家去了只因
這一番有分教風流雲散賢豪才色總成空薪
盡火傳工匠市廛都有韻畢竟後事如何且聽
下回分解

儒林外史第五十五回

添四客述往思來　彈一曲高山流水

話說萬歷二十三年那南京的名士都已漸漸銷磨盡了此時虞博士那一輩人也有老了的也有死了的也有四散去了的也有閉門不問世事的花壇酒社都沒有那些才俊之人禮樂文章也不見那些賢人講究論出處不過得手的就是才能失意的就是愚拙論豪俠不過有餘的就會奢華不足的就見蕭索憑你有李杜的文章顏曾的品行却是也沒有一个人來問

你所以那些大戶人家冠昏喪祭鄉紳堂裏坐着幾个席頭無非講的是些陞遷調降的官場就是那貧賤儒生又不過做的是些揣合逢迎的官校那知市井中間又出了幾个奇人一个是會寫字的這人姓季名遐年自小兒無家無業總在這些寺院裏安身見和尚傳板上堂吃齋他便也捧着一个鉢站在那里隨堂吃飯和尚也不厭他他的字寫的最好却又不肯學古

人的法帖只是自已創出來的格調由着筆性寫了去但凡人要請他寫字時他三日前就要齋戒一日第二日磨一天的墨却又不許别人替磨就是寫个十四字的對聯也要用墨半碗用的筆都是那人家用壞了不要的他纔用到寫字的時候要三四个人替他拂着紙他纔寫一些拂的不好他就要駡要打却是要等他情願他纔高興他若不情願時任你王侯將相大捧的銀子送他他正眼兒也不看他又不修邊

幅穿着一件稀爛的直裰靸着一雙破不過的蒲鞋每日寫了字得了人家的筆資自家吃了飯剩下的錢就不要了隨便不相識的窮人就送了他那日大雪裡走到一个朋友家他那一雙稀爛的蒲鞋踹了他一書房的滋泥主人曉得他的性子不好心裡嫌他不好說出只得問道季先生的尊履壞了可好買雙換換季遐年道我沒有錢那主人道你肯寫一副字送我我買鞋送你了季遐年道我難道沒有鞋要你的

主人厭他腌臢自已走了進去拏出一雙鞋來
道你先生且請畧換換恐怕脚底下冷季遐年
惱了並不作别就走出大門嚷道你家甚麽要
緊的地方我這雙鞋就不可以坐在你家我坐
在你家還要算擡舉你我都希罕你的鞋穿一
直走回天界寺氣哺哺的又隨堂吃了一頓飯
吃完看見和尚房裡擺着一匣子上好的香墨
季遐年問道你這墨可要寫字和尚道這昨日
施御史的令孫老爺送我的我還要留着轉送

別位施主老爺不要寫字季遐年道寫一副好
哩不由分說走到自已房裡拏出一个大墨盪
子來揀出一定墨舀些水坐在禪床上替他磨
將起來和尚分明曉得他的性子故意的激他
寫他在那裡磨墨正磨的興頭侍者進來向老
和尚說道下浮橋的施老爺來了和尚迎了出
去那施御史的孫子已走進禪堂來看見季遐
年彼此也不爲禮自同和尚到那邊敘寒溫季
遐年磨完了墨拏出一張紙來鋪在桌上叫四

个小和尚替他按着他取了一管敗筆蘸飽了墨把紙相了一會一氣就寫了一行那右手後邊小和尚動了一下他就一鑿把小和尚鑿矮了半截鑿的殺喳的叫老和尚聽見慌忙來看他還在那里急的嚷成一片老和尚勸他不要惱替小和尚按着紙讓他寫完了施御史的孫子也來看了一會向和尚作別去了次日施家一个小厮走到天界寺來看見季遐年問道有个寫字的姓季的可在這裡季遐年道問他怎的小厮道我家老爺叫他明日去寫字季遐年聽了也不回他說道罷了他今日不在家我明日叫他來就是了次日走到下浮橋施家門口要進去門上人攔住道你是甚麼人混往裏邊跑季遐年道我是來寫字的那小厮從門房裡走出來看見道原來就是你你也會寫字帶他走到廠廳上小厮進去回了施御史的孫子剛在走出屏風季遐年迎着臉大罵道你是何等之人敢來叫我寫字我又不貪你的錢又不慕

你的勢又不借你你的光你敢叫我寫起字來一頓大嚷大叫把施鄉紳罵的閉口無言低着頭進去了那季遐年又罵了一會依舊回到天界寺裡去了又一个是賣火紙筒子的這人姓王名太他祖代是三牌樓賣菜的到他父親手裡窮了把菜園都賣掉了他自小兒最喜下圍棋後來父親死了他無以爲生每日到虎踞關一帶賣火紙筒過活那一日妙意庵做會那庵臨着烏龍潭正是初夏的天氣一潭簇新的荷葉

亭亭浮在水上這庵裡曲曲折折也有許多亭榭那些遊人都進來頑耍王太走將進來各處轉了一會走到柳陰樹下一个石臺兩邊四條石櫈三四个大老官簇擁着兩个人在那裡下棋一个穿寶藍的道我們這位馬先生前日在揚州鹽臺那裡下的是一百一十兩的彩他前後共贏了二千多銀子一个穿玉色的少年道我們這馬先生是天下的大國手只有這卞先生受兩子還可以敵得來只是我們要學到卞

先生的地步也就着實費力了王太就挨着身子上前去偷看小厮們看見他穿的襤褸推推搡搡不許他上前底下坐的主人道你這樣一个人也曉得看棋王太道我也畧曉得些撑着看了一會嘻嘻的笑那姓馬的道你這人會笑難道下得過我們王太道也勉强將就主人道你是何等之人好同馬先生下棋姓卞的道他既大胆就叫他出个醜何妨才曉得我們老爺們下棋不是他插得嘴的王太也不推辭擺起子來就請那姓馬的動着旁邊人都覺得好笑那姓馬的同他下了幾着覺的他出手不同下了半盤站起身來道我這棋輸了半子了那些人都不曉得姓卞的道論這局面却是馬先生畧負了些衆人大驚就要拉着王太吃酒王太大笑道天下那裡還有个快活似殺矢棋的事我殺過矢棋心裡快活極了那裡還吃的下酒說畢哈哈大笑頭也不回就去了一个是開茶館的這人姓蓋名寬本來是个開當鋪的人他

二十多歲的時候家裡有錢開着當鋪又有田地又有洲場那親戚本家都是些有錢的他嫌這些人俗氣每日坐在書房裡做詩看書又喜歡畫幾筆畫後來畫的畫好也就有許多做詩畫的來同他往來雖然詩也做的不如他好畫也畫的不如他好他却愛才如命遇着這些人來留着吃酒吃飯說也有笑也有這些人家裡有冠婚喪祭的緊急事沒有銀子來向他說他從不推辭幾百幾十拏與人用那些當鋪裡的小官看見主人這般舉動都說他有些獃氣在當鋪裡儘着做弊本錢漸漸消折了田地又接連幾年都被水淹要賠種賠糧就有那些混帳人來勸他變賣買田的人嫌田地收成薄分明值一千的只好出五六百兩他沒奈何只得賣了賣來的銀子又不會生發只得放在家裡秤着用能用得幾時又沒有了只靠着洲場利錢還人不想夥計沒良心在柴院子裡放火命運不好接連失了幾回火把院子裡的幾萬柴盡

行燒了那柴燒的一塊一塊的結成就和太湖
石一般光怪陸離那些夥計把這東西搬來給
他看他看見好頑就留在家裡家裡人說這是
倒運的東西留不得他也不肯信留在書房裡
頑夥計見沒有洲塲也辭出去了又過了半年
日食艱難把大房子賣了搬在一所小房子住
又過了半年妻子死了開喪出殯把小房子又
賣了可憐這蓋寬帶着一个兒了一个女兒在
一个僻淨巷內尋了兩間房子開茶館把那房

子裡面一間與兒子女兒住外一間擺了幾張
茶桌子後簷支了一个茶爐子右邊安了一副
櫃臺後面放了兩口水缸滿貯了雨水他老人
家清早起來自己生了火搧着了把水倒在爐
子裡放着依舊坐在櫃臺裡看詩畫画櫃臺上
放着一个瓶插着些時新花朶瓶旁邊放着許
多古書他家各樣的東西都變賣盡了只有這
幾本心愛的古書是不肯賣的人來坐着吃茶
他丟了書就來拿茶壺茶杯茶館的利錢有限

一壺茶只賺得一个錢每日只賣得五六十壺茶只賺得五六十个錢除去柴米還做得甚麼事那日正坐在櫃臺裡一个隣居老爹過來同他談閑話那老爹見他十月裡還穿着夏布衣裳問道你老人家而今也算十分艱難了從前有多少人受過你老人家的惠而今都不到你這裡來走走你老人家這些親戚本家事體總還是好的你何不去向他們商議商議借个大大的本錢做些大生意過日子蓋寬道老爹世

情看冷暖人面逐高低當初我有錢的時候身上穿的也體面跟的小厮也齊整和這些親戚本家在一塊還搭配的上而今我這般光景走到他們家去他就不嫌我我自己也覺得可厭至于老爹說有受過我的惠的那都是窮人那裡還有得還出來他而今又到有錢的地方去了那裡還肯到我這裡來我若去尋他空惹他們的氣有何趣味隣居見他說的苦惱因說道老爹你這个茶館裡冷清清的料想今日也沒

甚人來了趁着好天氣和你到南門外頑頑去
盖寬道頑頑最好只是沒有東道怎處鄰居道
我帶个幾分銀子的小東吃个素飯罷盖寬道
又擾你老人家說着叫了他的小兒子出來看
着店他便同那老爹一路步出南門來教門店
裡兩个人吃了五分銀子的素飯那老爹會了
賬打發小菜錢一逕踱進報恩寺裡大殿南廊
三藏禪林大鍋都看了一回又到門口買了一
包糖到寶塔背後一个茶館裡吃茶鄰居老爹

道而今時世不同報恩寺的遊人也少了連這
糖也不如二十年前買的多盖寬道你老人家
七十多歲年紀不知見過多少事而今不比當
年了像我也會畫兩筆畫要在當時虞博士那
一班名士在那裡愁沒碗飯吃不想而今就艱
難到這步田地那鄰居道你不說我也忘了這
雨花臺左近有个泰伯祠是當年句容一个遲
先生蓋造的那年請了虞老爺來上祭好不熱
鬧我才二十多歲擠了來看把帽子都被人擠

掉了而今可憐那祠也沒有照顧房子都倒掉了我們吃完了茶同你到那裡看看說着又吃了一賣牛首豆腐干交了茶錢走出來從岡子上踱到雨花臺左首望見泰伯祠的大殿屋山頭倒了半邊來到門前五六个小孩子在那裡踢球兩扇大門倒了一扇睡在地下兩人走進去三四个鄉間的老婦人在那丹墀裡挑薺菜大殿上槅子都沒了又到後邊五間樓直桶桶的樓板都沒有一片兩个人前後走了一交蓋寬歎息道這樣名勝的所在而今破敗至此就沒有一个人來修理多少有錢的拏着整千的銀子去起蓋僧房道院那一个肯來修理聖賢的祠宇鄰居老爹道當年遲先生買了多少的傢伙都是古老樣範的收在這樓底下幾張大櫃裡而今連櫃也不見了蓋寬道這些古事提起來令人傷感我們不如回去罷兩人慢慢走了出來鄰居老爹道我們順便上雨花臺絕頂望着隔江的山色嵐翠鮮明那江中來往的船

隻帆檣歷歷可數那一輪紅日沉沉的傍着山頭下去了兩个人緩緩的下了山進城回去蓋寛依舊賣了半年的茶次年三月間有个人家出了八兩銀子束修請他到家裡教館去了一个是做裁縫的這人姓荊名元五十多歲在三山街開着一个裁縫鋪每日替人家做了生活餘下來工夫就彈琴寫字也極喜歡做詩朋友們和他相與的問他道你既要做雅人爲甚麽還要做你這貴行何不同些學校裡人相與相與他道我也不是要做雅人也只爲性情相近故此時常學學至于我們這个賤行是祖父遺留下來的難道讀書識字做了裁縫就玷污了不成况且那些學校中的朋友他們另有一番見識怎肯和我們相與而今每日尋得六七分銀子吃飽了飯要彈琴要寫字諸事都由得我又不貪圖人的富貴又不伺候人的顏色天不收地不管倒不快活朋友們聽了他這一番話也就不和他親熱一日荊元吃過了飯思量沒

事一經踱到清涼山來這清涼山是城西極幽靜的所在他有一个老朋友姓于住在山背後那于老者也不讀書也不做生意養了五个兒子最長的四十多歲小兒子也有二十多歲老者督率着他五个兒子灌園那園却有二三百畝大中間空隙之地種了許多花卉堆着幾塊石頭老者就在那旁邊蓋了幾間茅草房手植的幾樹梧桐長到三四十圍大老者看看兒子灌了園也就到茅齋生起火來煨好了茶吃着看那園中的新綠這日荆元步了進來于老者迎着道好些時不見老哥來生意忙的緊荆元道正是今日才打發清楚些特來看看老爹于老者道恰好烹了一壺現成茶請用杯斟了送過來荆元接了坐着吃道這茶色香味都好老爹却是那里取來的這樣好水于老者道我們城西不比你城南到處井泉都是吃得的荆元道古人動說桃源避世我想起來那裡要甚麼桃源只如老爹這樣清閒自在住在這樣城市

山林的所在就是現在的活神仙了于老者道只是我老拙一樣事也不會做怎的如老哥會彈一曲琴也覺得消遣些近來想是一發彈的好了可好幾時請教一回荆元道這也容易老爹不厭汚耳明日我把琴來請教說了一會辭別回來次日荆元自己抱了琴來到園裡于老者已焚下一爐好香在那裡等候彼此見了又說了幾句話于老者替荆元把琴安放在石櫈上荆元席地坐下于老者也坐在旁邊荆元慢慢的和了弦彈起來鏗鏗鏘鏘聲振林木那些鳥雀聞之都栖息枝間竊聽彈了一會忽作變徵之音淒清宛轉于老者聽到深微之處不覺悽然淚下自此他兩人常常往來當下也就別過了看官難道自今以後就沒一個賢人君子可以入得儒林外史的麼但是他不會在朝廷這一番旌揚之列我也就不說了畢竟怎的旌揚且聽下回分解

儒林外史第五十六回

神宗帝下詔旌賢　劉尚書奉旨承祭

話說萬歷四十三年天下承平已久天子整年不與羣臣接見各省水旱偏災流民載道督撫雖然題了進去不知那龍目可曾觀看忽一日內閣下了一道上諭科裏鈔出來上寫道萬歷四十三年五月二十四日內閣奉上諭朕卽阼以來四十餘年宵旰兢兢不遑暇食夫欲迪康兆姓首先進用人才昔秦穆公不能用周禮詩

人刺之此蒹葭蒼蒼之篇所由作也今豈有賢智之士處于下歟不然何以不能臻于三代之隆也諸臣其各抒所見條列以聞不拘忌諱朕將采擇焉欽此過了三日御史單颺言上了一个疏奏爲請旌沈抑之人才以襄聖治以光泉壤事臣聞人才之盛衰關乎國家之隆替虞廷翼爲明聽周室疏附後先載於詩書傳之奕禩寔乎尚矣夫三代之用人不拘資格故兔罝之野人小戎之女子皆可以備腹心德音之任至

于後世始立資格以限制之又有所謂清流者在漢則曰賢良方正在唐則曰入直在宋則曰知制誥我朝太祖高皇帝定天下開鄉會制科設立翰林院衙門儒臣之得與此選者不數年間從容而躋卿貳非是不得謂清華之品凡宰臣定謚其不由翰林院出身者不得謚爲文如此之死生榮遇其所以固結于人心而不可解者非一日矣雖其中拔十而得二三如薛瑄胡居仁之理學周憲吳景之忠義功業則有于謙

王守仁文章則有李夢陽何景明輩炳炳烺烺照耀史册然一榜進士及第數年之後乃有不能舉其姓字者則其中僥倖亦不免焉夫萃天下之人才而限制於資格則得之者少失之者多其不得者抱其沈冤抑塞之氣噓吸於宇宙間其生也或爲佯狂或爲迂怪甚而爲幽僻詭異之行其死也皆能爲妖爲厲爲災爲祲上薄乎日星下徹乎淵泉以爲百姓之害此雖諸臣不能自治其性情自深于學問亦不得謂非資

格之限制有以激之使然也臣聞唐朝有於諸臣身後追賜進士之典方千羅鄴皆與焉皇上旁求側席不遺幽隱寧于已故之儒生惜此恩澤諸臣生不能入於玉堂死何妨懸於金馬伏乞皇上憫其沈抑特沛殊恩徧訪海內已故之儒修考其行事第其文章賜一榜進士及第授翰林院職銜有差則沈冤抑塞之士莫不變而爲祥風甘雨同仰皇恩於無旣矣臣愚罔識忌諱冒昧陳言伏乞睿鑒施行萬歷四十三年五

月二十七日疏上六月初一日奉旨這所奏著大學士會同禮部行令各省採訪已故儒修詩文墓誌行狀彙齊送部核查如何加恩旌揚分別賜第之處不拘資格確議具奏欽此禮部行文到各省各省督撫行司道司道行到各府州縣採訪了一年督撫彙齊報部大學士等議了上去議道禮部爲欽奉上諭事萬歷四十三年五月二十七日河南道監察御史臣單颺言奏爲請旌沈抑之人才以昭聖治以光泉壤事一

本六月初一日奉聖旨旨意全錄欽此臣等查
得各省咨到採訪已故之儒修詩文墓誌行狀
以及訪聞事實合共九十二人其已登仕籍未
入翰林院者周進范進向鼎蘧祐雷驥張師陸
湯奉杜倩李本瑛董瑛馮瑤尤扶徠虞育德楊
允余特共十五人其武途出身已登仕籍例不
得入翰林院者湯奏蕭采木耐共三人舉人婁
琫衛體善共二人廕生徐詠一人貢生嚴大位
隨岑菴匡迥沈大年共四人監生婁瓚蘧來旬

胡縝武書伊昭儲信湯由湯寔莊潔共九人生
員梅玖王德王仁魏好古蘧景玉馬靜倪霜峰
季萑諸葛佑蕭鼎浦玉方韋闡杜儀臧荼遲均
余夔蕭樹滋虞感祈莊尚志余持余敷余殷虞
梁王蘊鄧義陳春共二十六人布衣陳禮牛布
衣權勿用景本蕙趙潔支鍔金東崖牛浦牛瑤
鮑文卿倪廷珠宗姬郭鐵筆金寓劉辛東之洪
憨仙盧華士婁煥文季恬逸郭力蕭浩鳳鳴岐
季遐年蓋寬王太丁詩荆元共二十八人釋子

甘露僧陳思阮共二人道士來霞士一人女子沈瓊枝一人臣等伏查已故儒修周進等其人雖龐雜不倫其品亦瑕瑜不掩然皆卓然有以自立謹按其生平之事實文章各擬考語另繕清單恭呈御覽伏乞皇上欽點名次揭榜曉示隆恩出自聖裁臣等未敢擅便其詩文墓誌行狀以及訪聞事實存貯禮部衙門昭示來茲可也萬歷四十四年六月二十三日議上二十六日奉旨虞育德賜第一甲第一名進士及第授翰林院修撰莊尚志賜第一甲第二名進士及第授翰林院編修杜儀賜第一甲第三名進士及第授翰林院編修蕭采等賜第二甲進士出身俱授翰林院檢討沈瓊枝等賜第三甲同進士出身俱授翰林院庶吉士于七月初一日揭榜曉示賜祭一壇設于國子監遣禮部尚書劉進賢前往行禮餘依議欽此到了七月初一日黎明禮部門口懸出一張榜來上寫道

禮部爲欽奉

上諭事今將採訪儒修

賜第姓名籍貫開列於後須至榜者

第一甲

第一名虞育德南直隸常熟縣人

第二名莊尚志南直隸上元縣人

第三名杜　儀南直隸天長縣人

第二甲

第一名蕭　采四川成都府人

第二名遲　均南直隸句容縣人

第三名馬　靜浙江處州府人

第四名武　書南直隸江寧縣人

第五名湯　奏南直隸儀徵縣人

第六名余　特南直隸五河縣人

第七名杜　倩南直隸天長縣人

第八名蕭　浩四川成都府人

第九名郭　力湖廣長沙府人

第十名婁煥文南直隸江寧縣人

第十一名王　蘊南直隸徽州府人

第十二名婁琫浙江歸安縣人
第十三名婁瓚浙江歸安縣人
第十四名蘧祐浙江嘉興府人
第十五名向鼎浙江紹興府人
第十六名莊潔南直隸上元縣人
第十七名虞梁南直隸五河縣人
第十八名尤扶徠南直隸江陰縣人
第十九名鮑文卿南直隸江寧縣人
第二十名甘露僧南直隸蕪湖縣人

第三甲

第一名沈瓊枝南直隸常州府人
第二名韋闡南直隸滁州府人
第三名徐詠南直隸定遠縣人
第四名蘧來旬浙江嘉興府人
第五名李本瑛四川成都府人
第六名鄧義南直隸徽州府人
第七名鳳鳴岐南直隸江寧縣人
第八名木耐陝西同官縣人

第九名牛布衣浙江紹興府人
第十名季　萑南直隸懷寧縣人
第十一名景本蕙浙江溫州府人
第十二名趙　潔浙江杭州府人
第十三名胡　縝浙江杭州府人
第十四名蓋　寬南直隸江寧縣人
第十五名荆　元南直隸江寧縣人
第十六名雷　驥北直隸大興縣人
第十七名楊　允浙江烏程縣人

第十八名諸葛佑南直隸盱眙縣人
第十九名季遐年南直隸上元縣人
第二十名陳　春南直隸太平府人
第二十一名匡　迥浙江樂清縣人
第二十二名來霞士南直隸揚州府人
第二十三名王　太南直隸上元縣人
第二十四名湯　由南直隸儀徵縣人
第二十五名辛東之南直隸儀徵縣人
第二十六名嚴大位廣東高要縣人

第二十七名陳思阮江西南昌府人
第二十八名陳　禮江西南昌府人
第二十九名丁　詩南直隸江寧縣人
第三十名牛　浦南直隸蕪湖縣人
第三十一名余　夔南直隸上元縣人
第三十二名郭鐵筆南直隸蕪湖縣人

這一日禮部劉進賢奉旨來到國子監裡戴了幞頭穿了官袍擺齊了祭品上來三獻太常寺官便讀祝文道維萬歷四十四年歲次丙辰七

月朔宜祭日皇帝遣禮部尚書劉進賢以牲醴玉帛之儀致祭于特贈翰林院修撰虞育德等之靈曰嗟爾諸臣純懿盪淑玉粹鸞騫金貞雌伏彌綸天地幽替神明易稱鴻漸詩喻鶴鳴賁格困人賢豪同歎鳳已就笯桐猶遺爨緼袍短褐蓬𥨍音溜桑樞伐蘖音樵粥畚坎壈欿歔亦有微官曾紆尺組龍實難馴噲寧堪伍亦有達宦曾著先鞭玉堂金馬邈若神仙子孑千旄翹翹車乘誓墓鑿坏誰敢捷徑澁譶音沓嚳音學

謬駔儈市門中有高士誰共討論茶板粥魚丹爐葯臼梨園之子蘭閨之秀提戈磨盾束髮從征功成身退日落旗紅蚩蚩細民翩翩公子同在窮途淚如鉛水金陵池館日麗風和講求禮樂釃酒升歌越水吳山烟霞淵藪擊鉢催詩論文載酒後先相望數十年來愁城未破淚海無涯朕甚憫旃加恩泉壤賜第授官解茲悒怏嗚呼蘭因芳隕膏以明煎維爾諸臣榮名萬年尚饗詞曰記得當時我愛秦淮偶離故鄉向梅根冶後幾番嘯傲杏花村里幾度徜徉鳳止高梧蟲吟小榭也共時人較短長今已矣把衣冠蟬蛻濯足滄浪無聊且酌霞觴喚幾个新知醉一場共百年易過底須愁悶千秋事大也費商量江左烟霞淮南耆舊寫入殘編總斷腸從今後伴葯爐經卷自禮空王

一上諭一奏疏一祭文三篇鼎峙以結全部大書綴以詞句如太史公自序

儒林外史第五十六回